»Die Königin
der Blumen«

»Die Königin der Blumen«

Rosen in Bild
und Gedicht

Ausgewählt von
Eva Hoffmeier

RECLAM

Inhalt

Es hat die Rose sich beklagt,
Dass gar zu schnell der Duft vergehe,
Den ihr der Lenz gegeben habe –

Da hab ich ihr zum Trost gesagt,
Dass er durch meine Lieder wehe
Und dort ein ewiges Leben habe.

FRIEDRICH VON BODENSTEDT

JOHANN WOLFGANG GOETHE

13

Als Allerschönste bist du anerkannt,
Bist Königin des Blumenreichs genannt;
Unwidersprechlich allgemeines Zeugnis,
Streitsucht verbannend, wundersam Ereignis!
Du bist es also, bist kein bloßer Schein,
In dir trifft Schaun und Glauben überein;
Doch Forschung strebt und ringt, ermüdend nie,
Nach dem Gesetz, dem Grund *Warum* und *Wie*.

J. J. GRANDVILLE: LA ROSE

ANGELUS SILESIUS

Die Ros ist ohn warum; sie blühet, weil sie blühet,
Sie acht nicht ihrer selbst, fragt nicht, ob man sie siehet.

MARY LAWRANCE: ROSA GALLICA

Flammende Rose, Zierde der Erden,
Glänzender Gärten bezaubernde Pracht!
Augen, die deine Vortrefflichkeit sehen,
Müssen, vor Anmut erstaunet, gestehen,
Dass dich ein Göttlicher Finger gemacht.

An eine Rose

Ewig trägt im Mutterschoße,
Süße Königin der Flur!
Dich und mich die stille, große,
Allbelebende Natur;
Röschen! unser Schmuck veraltet,
Stürm' entblättern dich und mich,
Doch der ewge Keim entfaltet
Bald zu neuer Blüte sich.

Die Rose

Die volle Rose glüht so rein in sich beschlossen;
In Duft ist ihr Gemüt, in Licht ihr Geist ergossen.
Wer sich in sie vertieft, der sieht vollendet ganz
Die Schöpfung, und es trieft die Welt von
                                    Gottes Glanz.

Rose, du thronende, denen im Altertume
warst du ein Kelch mit einfachem Rand.
Uns aber bist du die volle zahllose Blume,
der unerschöpfliche Gegenstand.

In deinem Reichtum scheinst du wie Kleidung
                                    um Kleidung
um einen Leib aus nichts als Glanz;
aber dein einzelnes Blatt ist zugleich die Vermeidung
und die Verleugnung jedes Gewands.

Seit Jahrhunderten ruft uns dein Duft
seine süßesten Namen herüber;
plötzlich liegt er wie Ruhm in der Luft.

Dennoch, wir wissen ihn nicht zu nennen, wir raten ...
Und Erinnerung geht zu ihm über,
die wir von rufbaren Stunden erbaten.

Uns hat eine Ros ergetzet
Im Garten mittenan
Die hat sehr schön geblühet
Haben sie im März gesetzet
Und nicht umsonst gemühet.
Wohl denen, die ein Garten han.
Sie hat so schön geblühet.

Und wenn die Schneewind wehen
Und blasen durch den Tann
Es kann uns wenig g'schehen
Wir habens Dach gerichtet
Mit Moos und Stroh verdichtet.
Wohl denen, die ein Dach jetzt han
Wenn solche Schneewind wehen.

Rosenzauber

für L.

Ich will die Rosen sehn, die überall
in dem Gelände duften jetzt und blühn.
Ich lebe hinter einem Rosenwall
und brauche ihre Namen nicht bemühn –

nicht Sutters Gold, nicht Queen Elizabeth,
Dorothy Perkins. Namen sind ein Duft,
ein Glanz. Es ist mir manchmal so, als hätt
ich nie genug genannt die Zauberluft.

Ich denk an Laurins Rosengarten, den
ein Seidenfaden magisch einst umschloß.
Ich kann ihn bei geschlossenen Augen sehn
und wie der Zwergenkönig ihn genoß.

Die Rose blüht, ich bin die fromme Biene,   29
Die in der Blätter keuschen Busen sinkt,
Und milden Tau und süßen Honig trinkt,
Doch lebt ihr Glanz und bleibet ewig grüne.
So singt mein tiefstes Freudenlied,
Ach meine Rose blüht!

Die Rose blüht, o Sonnenschein verziehe,
Dass lange noch der liebe Sommer währt,
Und mir kein Sturm die süße Lust versehrt,
Dass all mein Heil aus dieser Rose blühe
So freut sich innig mein Gemüt,
Weil meine Rose blüht!

Die Rose blüht, und lacht vor andern Rosen,
Mit solcher Huld, und Liebesmildigkeit,
Dass gern mein Sinn sich zu der Pflicht erbeut,
Mit andern Blumen nie mehr liebzukosen,
Weil alle Liebe, die erglüht,
Aus *dir du Rose* blüht!

Der Garten

LOUIS VAN HOUTTE: ROSE »MADEMOISELLE JOSÉPHINE GUYET«

Der Garten
öffnet seine Rosen

Sie duften sich
Sonnenworte zu

Nur Liebespaare
fangen sie auf
und grüßen zurück
in der Rosensprache

Rosen antworten rot
mit herzlichem Duft

Duftworte
die sich liebkosen

Der Rosengarten

Ich weiß ein Garten hübsch und fein,
Da blüht ein rotes Röselein;
Und darum ist ein Heckenzaun,
Im Sommer grün, im Winter braun.

Und wer das Röslein brechen will,
Muss kommen stumm, muss kommen still;
Muss kommen bei der dustern Nacht,
Wenn weder Mond noch Sternlein wacht.

Ich wollte meinem Glück vertraun,
Stieg heimlich übern Gartenzaun;
Das rote Röslein war geknickt,
Ein andrer hatte es gepflückt.

Das Gärtchen ist nun kahl und leer,
Das rote Röslein blüht nicht mehr;
Betrübt muss ich von weitem stehn
Und nach dem Rosengarten sehn.

Von den heimlichen Rosen

Oh, wer um alle Rosen wüsste,
die rings in stillen Gärten stehn –
oh, wer um alle wüsste, müsste
wie im Rausch durchs Leben gehn.

Du brichst hinein mit rauen Sinnen,
als wie ein Wind in einen Wald –
und wie ein Duft wehst du von hinnen,
dir selbst verwandelte Gestalt.

Oh, wer um alle Rosen wüsste,
die rings in stillen Gärten stehn –
oh, wer um alle wüsste, müsste
wie im Rausch durchs Leben gehn.

PIERRE-JOSEPH REDOUTÉ: ROSA DAMASCENA ITALICA

Die schönen Wunder

Die schönen Wunder aus den sieben Reichen,
Die bald Zitronenfalter, groß an Stielen,
Bald Zwergflamingos, die in Büsche fielen,
Bald Muscheln sind aus zauberstillen Teichen,

O meine Rosen. Herzen. Mögt ihr bleichen,
Erschlafft, erschöpft von weißen Sonnenspielen,
Verzehrt vom Überschwang, dem Allzuvielen;
Tragt singend euch zu Grabe, süße Leichen!

Ich will euch doch vom lieben Zweig nicht trennen,
Euch nicht im engen, lauen Glase wissen,
Die kurze Spanne Blühn euch kunstreich dehnen.

O gut: an unermessnem Glanz verbrennen,
Statt, von der heißen Erde fortgerissen,
Ein langes schales Leben hinzusehnen.

Die letzte Rose

39

Wer hat dieser letzten Rose
Ihren letzten Duft verliehn?
Tritt hinaus ins Sonnenlose,
Atme ihn und spüre ihn,

Wie er rot im Offenbaren
Und verschwebender wie Wein
Wesen kündet, die nie waren
Und die hier nie werden sein.

Schatten
Rosen
Schatten

Unter einem fremden Himmel
Schatten Rosen
Schatten
auf einer fremden Erde
zwischen Rosen und Schatten
in einem fremden Wasser
mein Schatten

Das Roseninnere

Wo ist zu diesem Innen
ein Außen? Auf welches Weh
legt man solches Linnen?
Welche Himmel spiegeln sich drinnen
in dem Binnensee
dieser offenen Rosen,
dieser sorglosen, sieh:
wie sie lose im Losen
liegen, als könnte nie
eine zitternde Hand sie verschütten.
Sie können sich selber kaum
halten; viele ließen
sich überfüllen und fließen
über von Innenraum
in die Tage, die immer
voller und voller sich schließen,
bis der ganze Sommer ein Zimmer
wird, ein Zimmer in einem Traum.

Die Rose

45

Begreift ihr nun? Mein Ursprung ist der Hauch.
Ein Hauch ist nichts. Und ist der Name auch.

Erfühlt es tief. Mein Ende ist der Duft.
Sehr sanft entlässt ihn meines Namens Gruft.

Die Gruft ist leer. O neu gehauchtes Glück:
Die Welt strömt ein. Ich atme sie zurück.

HENRY CHARLES ANDREWS: ROSA GALLICA VARIEGATA

Rose, Rose, Knospe gestern
Schliefst du noch in moos'ger Hülle,
Heute prangst in Schönheitsfülle
Du vor allen deinen Schwestern.
Träumtest du wohl über Nacht
Von den Wundern, die geschahen,
Von des holden Frühlings Nahen
Und des jungen Tages Pracht?

LOUIS VAN HOUTTE: TEEROSE »MARÉCHAL NIEL«

Der Engel und die Rose
sind fortgezogen
flußaufwärts der Träume
in das Innere ihrer selbst.
Sie sind fortgezogen
dorthin wo man nicht mehr stirbt
zu den großen weißen Schwalben
zu den durchsichtigen Engeln
dorthin wo man nicht mehr stirbt.
Sie sind fortgezogen
in das Innere ihrer selbst
flußaufwärts der Träume.
Der Engel und die Rose
sind fortgezogen.

HEINRICH HEINE

51

SHIBATA ZESHIN: SCHMETTERLING UND WILDROSE

Der Schmetterling ist in die Rose verliebt,
Umflattert sie tausendmal,
Ihn selber aber goldig zart,
Umflattert der liebende Sonnenstrahl.

Jedoch, in wen ist die Rose verliebt?
Das wüsst ich gar zu gern.
Ist es die singende Nachtigall?
Ist es der schweigende Abendstern?

Ich weiß nicht, in wen die Rose verliebt;
Ich aber lieb Euch all:
Rose, Schmetterling, Sonnenstrahl,
Abendstern und Nachtigall.

Ornament

Bitteres Grün von Nesseln, die brennen.
Brennendes Hagebuttenrot,
Dessen Lockung Drosseln und Amseln erkennen:
Für uns warens Rosen, für sie ist es Brot.

Rosa rugosa streut Pfingstrosenduft
Von fast violetten Blütenblättern.
Ein Spinnwebfaden in goldener Luft,
Den Mücken umflirrn wie arabische Lettern.

Geheimnis arabischer Poesie:
Schreib von rechts nach links, lies von hinten nach vorn.
Alles ist Bild und alles Magie:
Die Blüten, die Früchte. Der Duft. Und der Dorn.

OTTO WILHELM THOMÉ: ZIMTROSE

Haiku

55

Tief beugt die Rose
sich unter funkelndem Tau:
Bürde der Schönheit.

Rosenhag

Es blühen dir Rosen jeglichen Tag
in einem verschwiegenen Rosenhag
– und du weißt nichts davon.

Von Blut darin ein Brunnen springt
und Blut die Blätter der Rosen durchdringt
– und du weißt nichts davon.

Und weil ich sie dir nicht schneiden mag
verwelken dir Rosen jeglichen Tag
– und du weißt nichts davon.

Nur manches Mal, da brech ich dir
eine rote Rose von meinem Spalier
als ein Lied das nicht welken mag.

Dann weißt du von mir ein Kleines wohl;
und weißt doch nimmer wie übervoll
von Rosen steht der Hag.

Sub Rosa

Mitten im Garten ist
Ein schönes Paradies,
Ist so schön anzusehn,
Dass ich möcht drinnen gehn.

Als ich im Gärtlein war,
Nahm ich der Blümlein wahr,
Brach mir ein Röselein,
Das sollt mein eigen sein.

Das Röslein glänzt so fein,
Wie Gold und Edelstein
War so fein übergüldt,
Dass es mein Herz erfüllt.

Ich nahm das Röslein fein,
Schloss es ins Kämmerlein,
Stellt es an einen Ort,
Da es ja nicht verdorrt.

Komm ich ins Kämmerlein,
Find nicht mein Röselein,
Als ich herummer sah,
Sitzt eine schön Jungfrau da.

Sprach, ach erschrick nur nicht,
Denn ich bin dir verpflicht,
Denn ich bin dir vertraut,
Denn ich bin deine Braut.

Die Rose für
den Dichter

Sie wagte durch den ganzen Saal zu schreiten,
sie dachte: Alle blicken auf mich hin
und sehn, wie töricht ich errötet bin –
was ahnen sie von meinen Seligkeiten!

Sie legte linkisch eine Rose nieder
neben die Kerze auf den leeren Tisch
und fand auf ihren Platz nachtwandlerisch
und saß, als wäre nichts geschehn, schon wieder.

Und alles schwieg. Nun stand der Dichter oben
und fing zu sprechen an, dass die Musik
klingender Verse wie ein Springbrunn stieg,
im Silberstrahl zum Himmel aufgehoben.

Er stand in ihrem Glanze, sie verschönten
sein aufgetanes Alltags-Angesicht.
Er sah den Saal und seine Menschen nicht
im Rausch der Strophen, die ihn groß umtönten.

Sie tönten noch, als er von seinem Blatte
aufblickte und der Beifall ihn umfing.
Er wusste nicht, als er vom Podium ging,
dass er in seiner Hand die Rose hatte.

Erst nachts in seinem heimatlosen Zimmer
hat er das göttliche Geschenk erkannt.
Und immer auf dem Tisch die Rose stand
in unverwelklichem, weltfremdem Schimmer.

Leise zieht durch mein Gemüt
Liebliches Geläute.
Klinge, kleines Frühlingslied,
Kling hinaus ins Weite.

Kling hinaus, bis an das Haus,
Wo die Blumen sprießen.
Wenn du eine Rose schaust,
Sag ich lass sie grüßen.

der rat
der rose

1

glaube? ein rosenwildling
das licht eines lächelns:
flüchtig ach ja
man baut
kein bollwerk damit

2

bleib aufrecht
rät die rose
zeig dornen
sei stolz

beuge dich
nur der liebe

Wenn die Rosen ewig blühten,
  Die man nicht vom Stock gebrochen,
Würden sich die Mädchen hüten,
  Wenn die Bursche nächtlich pochen.
Aber, da der Sturm vernichtet,
  Was die Finger übrigließen,
Fühlen sie sich nicht verpflichtet,
  Ihre Kammern zu verschließen.

Tränen und Rosen

Ein Knäblein ging spazieren
Wohl um die Abendstund
In einem Rosengarten,
Da blühten Blümlein bunt.

Er ging wohl auf und nieder
Vor eines Gärtners Haus,
Da lag ein Mägdlein schöne
Zum Fensterlein heraus.

Ein Röslein tät er brechen,
Warf's in das Fensterlein:
Tust schlafen oder wachen,
Herzallerliebste mein?

»Ich habe nicht geschlafen,
Ich habe nicht gewacht,
Ich habe nur geträumet,
An dich hab ich gedacht.«

Du hast ja auch geweinet,
Dein Äuglein sind so nass;
Eine Trän fiel aus dem Fenster,
Da wuchs eine Ros im Gras.

»Und ist eine Ros gewachsen,
So wuchs sie nur für dich;
Und wenn ich hab geweinet,
So weint ich nur um mich.«

Was zog er aus der Tasche?
Ein seidnes Tüchelein:
Nimm hin, Herzallerliebste,
Wisch ab dein Äugelein!

Und bin ich in der Fremde,
Weit, weit von deinem Haus,
So weine deine Tränen
Zum Fenster nicht hinaus;

So weine sie bedächtig
All in das Tuch hinein,
Damit kein böser Bube
Zertritt die Röselein.

Heidenröslein

Sah ein Knab ein Röslein stehn,
Röslein auf der Heiden,
War so jung und morgenschön,
Lief er schnell es nah zu sehn,
Sah's mit vielen Freuden.
Röslein, Röslein, Röslein rot,
Röslein auf der Heiden.

Knabe sprach: ich breche dich,
Röslein auf der Heiden!
Röslein sprach: ich steche dich,
Dass du ewig denkst an mich,
Und ich will's nicht leiden.
Röslein, Röslein, Röslein rot,
Röslein auf der Heiden.

Und der wilde Knabe brach
's Röslein auf der Heiden;
Röslein wehrte sich und stach,
Half ihm doch kein Weh und Ach,
Musst es eben leiden.
Röslein, Röslein, Röslein rot,
Röslein auf der Heiden.

Die Rose sprach zum Mägdelein:
Ich muss dir ewig dankbar sein,
Dass du mich an den Busen drückst
Und mich mit deiner Huld beglückst.

Das Mägdlein sprach: O Röslein mein,
Bild dir nur nicht zu viel drauf ein,
Dass du mir Aug und Herz entzückst.
Ich liebe dich, weil du mich schmückst.

HANS SIMON HOLTZBECKER: ROSA GALLICA

An die Entfernte

1

Diese Rose pflück ich hier,
In der fremden Ferne;
Liebes Mädchen, dir, ach dir
Brächt ich sie so gerne!

Doch bis ich zu dir mag ziehn
Viele weite Meilen,
Ist die Rose längst dahin,
Denn die Rosen eilen.

Nie soll weiter sich ins Land
Lieb von Liebe wagen,
Als sich blühend in der Hand
Lässt die Rose tragen;

Oder als die Nachtigall
Halme bringt zum Neste,
Oder als ihr süßer Schall
Wandert mit dem Weste.

2

Rosen fliehen nicht allein
Und die Lenzgesänge,
Auch dein Wangenrosenschein,
Deine süßen Klänge.

Oh, dass ich, ein Tor, ein Tor,
Meinen Himmel räumte!
Dass ich einen Blick verlor,
Einen Hauch versäumte!

Rosen wecken Sehnsucht hier,
Dort die Nachtigallen,
Mädchen, und ich möchte dir
In die Arme fallen!

Kühle

In den weißen Gluten
Der hellen Rosen
Möchte ich verbluten.

Doch auf den Teichen
Warten die starren, seelenlosen Wasserrosen,
Um meiner Sehnsucht Kühle zu reichen.

Das Rosenband

Im Frühlingsschatten fand ich Sie;
Da band ich Sie mit Rosenbändern:
Sie fühlt es nicht, und schlummerte.

Ich sah Sie an; mein Leben hing
Mit diesem Blick an Ihrem Leben:
Ich fühlt es wohl, und wusst es nicht.

Doch lispelt ich Ihr sprachlos zu,
Und rauschte mit den Rosenbändern:
Da wachte Sie vom Schlummer auf.

Sie sah mich an; Ihr Leben hing
Mit diesem Blick an meinem Leben,
Und um uns ward's Elysium.

Verwelkende Rosen

Möchten viele Seelen dies verstehen,
Möchten viele Liebende es lernen:
So am eigenen Dufte sich berauschen,
So verliebt dem Mörder Wind zu lauschen,
So in rosiges Blätterspiel verwehen,
Lächelnd sich vom Liebesmahl entfernen,
So den Abschied als ein Fest begehen,
So gelöst dem Leiblichen entsinken
Und wie einen Kuß den Tod zu trinken.

Wo hatte ich alle meine Rosen gelassen?
Die Rosen alle des Morgenrots
Die Rose von Jericho
Die Rose des Windes
Die Rosen von Saadi und Rilke
Die Rosenballerinen von Bagatelle
Die Rosenschiffe von Bagdad?

Ich hatte nur eine ungeöffnete Knospe in der Tasche
Sie duftete nicht
Sie leuchtete noch zu wenig
Aber mein Herz reift in Eilmärschen heran
Alle meine Sklaven zerpflücken die Hügel von Grasse
Die Gärten Iraks werden morgen kahl sein
Ich werde bald den roten Talar des Liebenden tragen

Sinnenrausch

Dein sünd'ger Mund ist meine Totengruft,
Betäubend ist sein süßer Atemduft,
Denn meine Tugenden entschliefen.
Ich trinke sinnberauscht aus seiner Quelle
Und sinke willenlos in ihre Tiefen,
Verklärten Blickes in die Hölle.

Mein weißer Leib erglüht in seinem Hauch,
Er zittert, wie ein junger Rosenstrauch,
Geküsst vom warmen Maienregen.
– Ich folge Dir ins wilde Land der Sünde
Und pflücke Feuerlilien auf den Wegen.
– Wenn ich die Heimat auch nicht wiederfinde. –

wandeln bunte roben
durch den rosengarten
gesichtslos
hinter sonnenbrillen
duft verströmend
figuren nur
am wegrand
konkurrenten nicht
der rosen

Wilder Rosenbusch

Wie steht er da vor den Verdunkelungen
des Regenabends, jung und rein;
in seinen Ranken schenkend ausgeschwungen
und doch versunken in sein Rose-sein;

die flachen Blüten, da und dort schon offen,
jegliche ungewollt und ungepflegt:
so, von sich selbst unendlich übertroffen
und unbeschreiblich aus sich selbst erregt,

ruft er dem Wandrer, der in abendlicher
Nachdenklichkeit den Weg vorüberkommt:
Oh sieh mich stehn, sieh her, was bin ich sicher
und unbeschützt und habe was mir frommt.

Rosen

Wenn erst die Rosen verrinnen
aus Vasen oder vom Strauch
und ihr Entblättern beginnen,
fallen die Tränen auch.

Traum von der Stunde Dauer,
Wechsel und Wiederbeginn,
Traum – vor der Tiefe der Trauer:
blättern die Rosen hin.

Wahn von der Stunden Steigen
aller ins Auferstehn,
Wahn – vor dem Fallen, dem Schweigen:
wenn die Rosen vergehn.

Der Wind
und die Rose

Kleine blasse Rose!
Der Wind, von Luv, der lose,
der dich zerwühlte,
als wär dein Blatt
das Kleid von einer Hafenfrau –
er kam so wild und kam so grau!

Vielleicht auch fühlte
er sich für Sekunden matt
und wollt in deinen dunklen Falten
den Atem sanft verhalten.
Da hat dein Duft ihn so betört,
berauscht,

dass er sich bäumt und bauscht
und dich vor Lust zerstört,
dass er sich noch mit deinem Kusse bläht,
wenn er am bangen Gras vorüberweht.

Novembergarten

Rose sulfurea
im Novembergarten gelb
mit schwachem Duft
und blattlosem Stiel.
Wir machen uns bekannt.
Schön Wetter heute.
Gespräche über Bodenfrost,
Gartenschere, Schneeflocken
zögern laut zu werden.
So zählen wir lieber
die Hagebutten
und unsere Hoffnungen
auf sorglose Tage
im kommenden Jahr.

Die wilde Rose

Da droben auf einsamer Höhe
Die wilde Rose blüht,
Und wer sie von Ferne gesehen,
In heißer Sehnsucht erglüht.

Zu ihr über Felsen und Klüfte
Ein kühner Jäger klimmt.
Schon ist er in nächster Nähe –
Das Auge in Tränen ihm schwimmt.

Er will sie erfassen und pflücken,
Da strauchelt jäh sein Fuß;
Des Abgrunds finstere Tiefe
Empfängt ihn mit kaltem Kuss.

Dort droben auf einsamer Höhe
Die wilde Rose blüht,
Und wer sie von Ferne gesehen,
In heißer Sehnsucht erglüht. –

Die Rose

Als sich die Rose erhob, die Bürde
Ihres Blühens und Duftens zu tragen
Mit Lust:
Hat sie, daß es der letzte sein würde
Von ihren Tagen,
Noch nichts gewußt.

Nur, daß sie glühnder noch werden müßte,
Reiner und seliger hingegeben
Dem Licht,
Spürte sie – ach, daß zum Tode sich rüste
So wildes Leben,
Bedachte sie nicht …

Als dann am Abend mit Mühe der Stengel
Ihre hingeatmete Süße
Noch trug,
Hauchte sie, fallend dem kühlen Engel
Welk vor die Füße:
»War es genug?«

Stille!

Stille! Ich treibe den Dorn in dein Herz,
denn die Rose, die Rose
steht mit den Schatten im Spiegel, sie blutet!
Sie blutete schon, als wir mischten das Ja
                              und das Nein,
als wirs schlürften,
weil ein Glas, das vom Tisch sprang, erklirrte:
es läutete ein eine Nacht, die finsterte länger als wir.

Wir tranken mit gierigen Mündern:
es schmeckte wie Galle,
doch schäumt' es wie Wein –
Ich folgte dem Strahl deiner Augen,
und die Zunge lallte uns Süße ...
(So lallt sie, so lallt sie noch immer.)

Stille! Der Dorn dringt dir tiefer ins Herz:
er steht im Bund mit der Rose.

Du sandtest mir blühende Rosen
Einst über den lieblichsten See
Mit Zweigen des weißen Jasmines,
Gleich duftendem Nachwinterschnee.

Doch jüngst erst band ich dir ein Sträußchen
Aus duftendem weißen Jasmin;
Sie brachten's wohl über das Wasser,
Sie legten aufs Herz es dir hin.

Drauf wand ich aus blühenden Rosen
Den Kranz von berauschendem Duft,
Den trug ich voll Sorgfalt und Liebe
Hinab in die dunkelnde Gruft.

Dort habe ich Abschied genommen
Und drückte noch leise zum Schluss,
Mein unvergesslicher König,
Auf deinen Sarg einen Kuss.

Nachwort

Seit Tausenden von Jahren fasziniert die Rose. Die besondere Schönheit dieser Blume muss früh aufgefallen sein, ihr betörender Duft spielte dabei gewiss eine Rolle. Ursprünglich stammt sie aus China, wo schon vor 5000 Jahren Rosengärten angelegt wurden – dort diente sie zudem als Nahrungsmittel, denn essbar ist sie auch. Die erste Darstellung einer Rose, die wir kennen, ist über 3500 Jahre alt, auf einem Fresko im Palast des Minos auf Kreta. Seither hat die Faszination nicht nachgelassen, ganz im Gegenteil: Dichter haben sie besungen, Künstler wurden nicht müde, sie immer wieder neu zu zeichnen, zu malen – dieses kleine Buch legt davon Zeugnis ab.

Rosensträuße im Grab des Pharao Tutanchamun lassen auf ihre kultische Verehrung schließen. Als das klassische Land der Rosen gilt Persien, Hafis ist ihr Dichter. Bei den Sumerern, im Land zwischen Euphrat und Tigris, wurden vermutlich die ersten Gartenrosen gezüchtet, von dort kamen sie über Griechenland nach Europa. Unzählige Varianten sind seither entstanden, 30 000 sollen es weltweit sein. Sie alle gehen auf die fünf ursprünglichen Rosensorten zurück: *Rosa gallica*, *Rosa damascena*, *Rosa centifolia*, *Rosa alba* und *Rosa canina*, die in diesem Buch vielfältig vertreten sind.

Bald kam das Bedürfnis auf, die Pracht und Farbigkeit der Rosen in Wort und Bild festzuhalten –

eine Herausforderung für Künstler in Zeiten, in denen die Fotografie noch nicht existierte. Dafür stehen die großartigen Rosenbücher von Mary Lawrance (1796–99), Henry Charles Andrews (1805–28), Pierre-Joseph Redouté (1817–24) und Ellen Willmott (1910–14), aus denen sich hier zahlreiche Beispiele finden – wahre Kunstwerke, die bis heute unübertroffen sind.

Schon die griechische Dichterin Sappho nennt die Rose um 600 v. Chr. »Königin der Blumen«. Als solche hat der berühmte französische Zeichner und Buchillustrator Grandville sie 1847 in seinen *Fleurs animées* präsentiert; seine Darstellung der *Rosa centifolia*, die sich auf ihrem Thron huldigen lässt, steht auch am Anfang der vorliegenden Auswahl. 1913 schreibt die amerikanische Schriftstellerin Gertrude Stein ihr Langgedicht *Sacred Emily* mit der berühmten Zeile »Rose is a rose is a rose is a rose«, in der – laut gelesen – »rose« zu »eros« wird. Rose und Weiblichkeit, »a rose« und Eros gehören zusammen.

Tatsächlich steht keine Blume den Themen Liebe, Erotik, Sexualität so nahe wie die Königin der Blumen – die rote Rose ist das Symbol der Liebe. Und sie ist *das* Symbol der Venus: In Botticellis *Geburt der Venus* regnet es Rosen vom Himmel. Bei den Germanen war die Rose der Liebesgöttin Freya geweiht. »Rose-Eros« nennt sich eine tantrische Frauengruppe im österreichischen Dunkelsteinerwald.

Leicht zu haben ist die Rose allerdings nicht: Rosen wissen sich zu wehren und haben, wie man weiß, Dornen (botanisch sind es Stacheln). »Knabe sprach: ich breche dich – Röslein sprach: ich steche dich« heißt es in dem Gedicht, das der 21-jährige Goethe für die geliebte Friederike Brion schrieb. In seinem *Faust II* streuen Engel Rosen und entfachen damit die Liebesgelüste des Mephistopheles.

Die Rose steht aber auch für die Unschuld, vor allem die weiße Rose. Martin Luther hat sie zu seinem persönlichen Symbol gemacht, der berühmten Lutherrose – eine weiße Rose im goldenen Ring, die am Blütengrund ein rotes Herz mit einem Kreuz zeigt: »Solch Herz aber soll mitten in einer weißen Rosen stehen, anzuzeigen, daß der Glaube Freude, Trost und Friede gibt. Darum soll die Rose weiß und nicht rot sein; denn weiße Farbe ist der Geister und aller Engel Farbe«, schreibt Luther 1530. »Das Röslein brechen« war zudem ein Synonym für ›entjungfern‹, wovon auch das Märchen vom *Dornröschen* erzählt. In Goethes *Faust I* heißt es: »War ein Gekos’ und ein Geschleck’; / Da ist denn auch das Blümchen weg!« Und »Rosenplan«, »Rosengarten«, »Rosengasse« hießen im Mittelalter die Straßen, wo die Freudenmädchen wohnten; ihre Besucher nannte man »Rosengässler« – ein Begriff, der sich in einigen Gegenden für Leute, die man eines unsoliden Lebenswandels verdächtigt, bis heute gehalten hat.

Sind Rosen Luxus? Strenggenommen: ja. Ein schöner, edler, wohlriechender Luxus. Die Römer gingen verschwenderisch damit um, bestreuten Straßen mit den Blütenblättern und statteten Feste und Gelage üppigst mit Rosen aus. Der niederländisch-englische Maler Lawrence Alma-Tadema hat 1888 ein solches Bankett in den hier wiedergegebenen *Rosen des Heliogabalus* festgehalten. Luxus ist aber auch eine

Notwendigkeit. 1910 forderte die amerikanische Frauenrechtlerin Helen Todd Brot und Rosen für alle Frauen (»life's Bread, which is home, shelter and security, and the Roses of life, music, education, nature and books«). Bei einem Streik von Textilarbeiterinnen in Chicago im gleichen Jahr, den sie mitorganisierte, wurde dann erstmals der Slogan »We want bread – and roses, too« verwendet. James Oppenheim machte ihn weltberühmt, als er im Jahr darauf sein Gedicht *Bread and Roses* verfasste: »As we come marching, marching in the beauty of the day, / A million darkened kitchens, a thousand mill lofts gray, / Are touched with all the radiance that a sudden sun discloses, / For the people hear us singing: ›Bread and roses! Bread and roses!‹«

Rosenöl nannte Joseph von Hammer-Purgstall seine 1813 veröffentlichte Sammlung persischer, arabischer und türkischer Sagen und Märchen. Den Duft der Rose, der sich im Rosenöl konzentriert, assoziieren wir ganz automatisch mit dem Orient, wo das Rosenöl schon früh durch Extraktion oder Destillation gewonnen wurde. Es wurde als Duft- und Heilmittel verwendet, die Römer parfümierten damit ihre Speisen. Zur Herstellung eines Liters Rosenöl benötigt man etwa vier Tonnen Blüten – kein Wunder, dass Rosenöl noch vor fünfzig Jahren teurer als Gold war. Ein Nebenprodukt bei der Herstellung von Rosenöl ist das Rosenwasser. Es wird (vor allem in der orientalischen und der französischen Küche) zu kulinarischen Zwecken verwendet und ist ein wichtiger Bestandteil des Marzipans.

Von der Frucht der Rose war bisher noch nicht die Rede, doch soll die vitaminreiche Hagebutte nicht unerwähnt bleiben. Besonders in Süddeutschland wird sie als Hagebuttenmark (schwäbisch: Hägenmark; fränkisch: Hiffenmark) genossen; ihre Kerne (botanisch sind es Nüsschen) werden von Kindern gern als »Juckpulver« verwendet. Das Kinderlied *Ein Männlein steht im Walde* aus dem Jahr 1843 ist ein Rätsellied mit der Auflösung: Hagebutte.

Rosen in der Kunst, Rosen in der Literatur – der Beispiele wären noch viele, vor allem, wenn man auch die Musik, und hier besonders die populäre Musik (»Für mich soll's rote Rosen regnen«, »I never promised you a rose garden«, »L'important c'est la rose« und viele mehr), hinzunehmen würde. Doch da die Rose auch zur Verschwiegenheit mahnt (was man *sub rosa*, also »unter der Rose« sagte und tat, sollte nicht nach außen dringen), soll zum Schluss nur noch eine ganz besondere Rose erwähnt werden: die des Kleinen Prinzen bei Antoine de Saint-Exupéry. Mit ihren Launen bringt sie ihren Beschützer erst zur Verzweiflung, doch als er am Ende ihre Einzigartigkeit erkennt, ist es die Erinnerung an sie, die ihn dazu bewegt, auf seinen Planeten zurückzukehren: »›Die Menschen bei dir zu Hause‹, sagte der kleine Prinz, ›pflanzen fünftausend Rosen in ein und denselben Garten ... und sie finden darin dann nicht, was sie suchen [...]. Dabei könnten sie, was sie suchen, in einer einzigen Rose finden oder in ein paar Schluck Wasser [...]. Aber die Augen sind blind. Man muss mit dem Herzen suchen.‹«

VERZEICHNIS DER AUTORINNEN UND AUTOREN, GEDICHTE UND DRUCKVORLAGEN

ANGELUS SILESIUS (d. i. Johannes Scheffler, 1624–1677)

15 *Die Ros ist ohn warum*
A. S.: Sämtliche poetische Werke in drei Bänden. Hrsg. von Hans Ludwig Held. Bd. 3, München/Wien: Hanser, 1952.

ANONYM 117

25 *(1) Uns hat eine Ros ergetzet*
59 *(2) Sub Rosa*
Bertolt Brecht: Mutter Courage und ihre Kinder. In: B. B.: Werke. Große kommentierte Berliner und Frankfurter Ausgabe. Hrsg. von Werner Hecht [u. a.]. Bd. 6: Stücke 6. Frankfurt a. M.: Suhrkamp, 1989. – © Bertolt-Brecht-Erben / Suhrkamp Verlag, Frankfurt a. M. 1989. [Die Verse stammen aus der 10. Szene, in der »eine Stimme« sie vorträgt.] (1)
Des Knaben Wunderhorn. Alte deutsche Lieder. Gesammelt von Achim von Arnim und Clemens Brentano. Krit. Ausg. Hrsg. und komm. von Heinz Rölleke. Bd. 2. Stuttgart: Reclam, 1987. (2)
[Die Orthographie wurde behutsam modernisiert.]

HANS ARP (1886–1966)

49 *Der Engel und die Rose*
H. A.: 1961, Neue Gedichte. Zürich: Arche, 1961. S. 43. – Mit freundlicher Genehmigung der F. A. Herbig Verlagsbuchhandlung Stuttgart. © Arche Literatur Verlag AG, Zürich.

LUISE ASTON (1814–1871)

105 *Die wilde Rose*
Freischärler-Reminiscenzen. Zwölf Gedichte von Louise Aston. Leipzig: Weller, 1850. [Die Orthographie wurde behutsam modernisiert.]

ROSE AUSLÄNDER (1901–1988)

31 *Der Garten*
R. A.: Und preise die kühlende Liebe der Luft. Gedichte 1983–1987. Frankfurt a. M.: S. Fischer, 1988. – © S. Fischer Verlag GmbH, Frankfurt am Main 1988.

INGEBORG BACHMANN (1926–1973)

41 *Schatten Rosen Schatten*
I. B.: Werke. Hrsg. von Christine Koschel / Inge von Weidenbaum /
Clemens Münster. Bd. 1: Gedichte. München/Zürich: Piper, 1978. –
© 1978 Piper Verlag GmbH, München.

GOTTFRIED BENN (1886–1956)

99 *Rosen*
G. B.: Sämtliche Gedichte. Stuttgart: Klett-Cotta, 1998. – © 1998
J. C. Cotta'sche Buchhandlung Nachfolger GmbH, Stuttgart.

RUDOLF G. BINDING (1867–1938)

57 *Rosenhag*
R. G. B.: Gesammeltes Werk. Bd. 1. Hamburg: Hans Dulk, 1954.

FRIEDRICH VON BODENSTEDT (1819–1892)

11 *Es hat die Rose sich beklagt*
F. v. B.: Die Lieder des Mirza-Schaffy. Berlin: Decker, 1851.
[Die Orthographie wurde behutsam modernisiert.]

WOLFGANG BORCHERT (1921–1947)

101 *Der Wind und die Rose*
W. B.: Das Gesamtwerk. Hrsg. von Michael Töteberg. Unter Mitarb.
von Irmgard Schindler. Reinbek b. Hamburg: Rowohlt, 2007.
[Die Orthographie wurde behutsam modernisiert.]

CLEMENS BRENTANO (1778–1842)

29 *Die Rose blüht, ich bin die fromme Biene*
C. B.: Gedichte. Hrsg. von Hartwig Schulz. Stuttgart:
Reclam, 1995. (Universal-Bibliothek. 8669.)
[Die Orthographie wurde behutsam modernisiert.]

BARTHOLD HEINRICH BROCKES (1680–1747)

17 *Flammende Rose, Zierde der Erden*
B. H. B.: Auszug der vornehmsten Gedichte aus dem Irdischen
Vergnügen in Gott. Faksimiledruck nach der Ausg. von 1738.
Stuttgart: Metzler, 1965.
[Die Orthographie wurde behutsam modernisiert.]

WILHELM BUSCH (1832–1908)

79 *Die Rose sprach zum Mägdelein*

W. B.: Historisch-kritische Gesamtausgabe. Hrsg. von Friedrich Bohne. Bd. 2. Wiesbaden/Berlin: Vollmer, [1962]. [Die Orthographie wurde behutsam modernisiert.]

PAUL CELAN (1920–1970)

109 *Stille!*

P. C.: Mohn und Gedächtnis. Gedichte. Stuttgart: Deutsche Verlags-Anstalt, [13]1994. – © 1952, Deutsche Verlags-Anstalt, München, in der Verlagsgruppe Random House GmbH.

ADELBERT VON CHAMISSO (1781–1838)

47 *Rose, Rose, Knospe gestern*

A. v. C.: Sämtliche Werke. Bd. 1: Prosa. Dramatisches. Gedichte. Nachlese der Gedichte. Textred. von Jost Perfahl. München: Winkler, 1975.

FRITZ DEPPERT (geb. 1932)

103 *Novembergarten*

Wilfried Hub / Michael Dillinger (Hrsg.): … und ihr Duft kandierte die Sommer. Texte über die Rose. Zweibrücken: Zweibrücker Echo-Verlag, 1983. – © Mit Genehmigung von Fritz Deppert, Darmstadt.

ELISABETH VON ÖSTERREICH (1837–1898)

111 *Du sandtest mir blühende Rosen*

E. v. Ö.: Junilieder. Zur blühenden Rosenzeit. In: Kaiserin Elisabeth: Das poetische Tagebuch. Hrsg. von Brigitte Hamann. Wien: Verlag der Österreichischen Akademie der Wissenschaften, 1984. (Fontes rerum Austriacarum. Abt. 1,12.) [Die Orthographie wurde behutsam modernisiert.] [Sisi schrieb diese Verse im Juni 1886, nachdem ihr Vetter, der bayerische König Ludwig II., im Starnberger See ums Leben gekommen war. Sein Tod hatte sie tief erschüttert.]

FRIEDRICH HÖLDERLIN (1770–1843)

19 *An eine Rose*

F. H.: Sämtliche Gedichte. Studienausg. in 2 Bänden. Hrsg. und komm. von Detlev Lüders. Bd. 1. Bad Homburg: Athenäum, 1970.

FRIEDRICH GOTTLIEB KLOPSTOCK (1724–1803)

87 *Das Rosenband*

F. G. K.: Oden. Ausw. und Nachw. von Karl Ludwig Schneider. Stuttgart: Reclam, 1966. (Universal-Bibliothek. 1391.) [Die Orthographie wurde behutsam modernisiert.]

GERTRUD KOLMAR
(d. i. Gertrud Käthe Chodziesner, 1894–1943?)

37 *Die schönen Wunder*

G. K.: Gedichte. Ausw. und Nachw. von Ulla Hahn. Frankfurt a. M.: Suhrkamp, 1983. [Die Orthographie wurde behutsam modernisiert.]

HEINRICH KRAUS (1932–2015)

55 *Haiku*

Wilfried Hub / Michael Dillinger (Hrsg.): ... und ihr Duft kandierte die Sommer. Texte über die Rose. Zweibrücken: Zweibrücker Echo-Verlag, 1983. S. 54. – © Mit Genehmigung des Echo-Verlags, Zweibrücken.

KARL KROLOW (1915–1999)

27 *Rosenzauber*

K. K.: Gesammelte Gedichte 4. Frankfurt a. M.: Suhrkamp, 1997. S. 165. – © Suhrkamp Verlag Frankfurt am Main 1997. Alle Rechte bei und vorbehalten durch Suhrkamp Verlag Berlin.

ELISABETH LANGGÄSSER (1899–1950)

45 *Die Rose*

E. L.: Gesammelte Werke. Bd. 4: Gedichte. Hamburg: Claassen, 1959. [Die Orthographie wurde behutsam modernisiert.]

ELSE LASKER-SCHÜLER (1896–1914)

85 *(1) Kühle*
93 *(2) Sinnenrausch*
E. L.-S.: Die Gedichte. Hrsg. und komm. von Gabriele Sander. Stuttgart: Reclam, 2016. (Universal-Bibliothek. 10954.)

NIKOLAUS LENAU (1802–1850)

81 *An die Entfernte*
N. L.: Sämtliche Werke und Briefe in 2 Bänden. Bd. 1: Gedichte und Versepen. Frankfurt a. M.: Insel, 1971. [Die Orthographie wurde behutsam modernisiert.]

HERMANN LÖNS (1866–1914)

33 *Der Rosengarten*
H. L.: Sämtliche Werke in 8 Bänden. Hrsg. von Friedrich Castelle. Bd. 1. Leipzig: Hesse und Becker, 1924. [Die Orthographie wurde behutsam modernisiert.]

KURT MARTI (1921–2017)

69 *der rat der rose*
K. M.: Werkauswahl in 5 Bänden. Bd. 5: Namenszug mit Mond. Gedichte. Zürich/Frauenfeld: Nagel & Kimche, 1996. – © 1996 Nagel & Kimche in derMG Medien-Verlags GmbH, Haar.

CHRISTIAN MORGENSTERN (1871–1914)

35 *Von den heimlichen Rosen*
C. M.: Werke und Briefe. Stuttgarter Ausg. Bd. 1: Lyrik 1887–1905. Hrsg. von Martin Kießig. Stuttgart: Urachhaus, 1988. [Die Orthographie wurde behutsam modernisiert.]

WILHELM MÜLLER (1794–1827)

73 *Tränen und Rosen*
W. M.: Vermischte Schriften in 5 Bänden. Hrsg. von Gustav Schwab. Bd. 1. Leipzig: Brockhaus, 1830. [Die Orthographie wurde behutsam modernisiert.]

KARL NEUBERGER (1912–1998)

95   *wandeln bunte roben*
    Wilfried Hub / Michael Dillinger (Hrsg.): … und ihr Duft kandierte
    die Sommer. Texte über die Rose. Zweibrücken: ZweibrückerEcho-
    Verlag, 1983. – © Mit Genehmigung des Echo-Verlags, Zweibrücken.

RAINER MARIA RILKE (1875–1926)

23   *(1) Rose, du thronende*
43   *(2) Das Roseninnere*
97   *(3) Wilder Rosenbusch*
    R. M. R.: Gesammelte Werke. Hrsg. von Annemarie Post-Martens /
    Gunter Martens. Stuttgart: Reclam, 2015. (Universal-Bibliothek.
    9623.)

EUGEN ROTH (1895–1976)

107   *Die Rose*
    E. R.: Sämtliche Werke. München: Hanser, 1977. – © Dr. Thomas
    Roth, München.

FRIEDRICH RÜCKERT (1788–1866)

21   *Die Rose*
    F. R.: Poetische Werke in 12 Bänden. Bd. 2. Frankfurt a. M.:
    Sauerländer, 1868. [Die Orthographie wurde behutsam moder-
    nisiert.]

EVA STRITTMATTER (1930–2011)

53   *Ornament*
    E. S.: Sämtliche Gedichte. Erweiterte Neuausgabe. Berlin: Auf-
    bau, 2015. – © Aufbau Verlag GmbH & Co. KG, Berlin 1977, 2015.
    (Das Gedicht erschien erstmals 1973 in E. S.: Die eine Rose
    überwältigt alles. Gedichte, im Aufbau-Verlag.)

GEORG VON DER VRING (1889–1968)

39   *Die letzte Rose*
    G. v. d. V.: Die Gedichte. Gesamtausg. Hrsg. von Christiane Peter /
    Kristian Wachinger. Ebenhausen b. München: Langewiesche-
    Brandt, 1989. – © 1989 Langewiesche-Brandt KG, Ebenhausen,
    jetzt Verlag C. H. Beck oHG, München.

VERZEICHNIS DER KÜNSTLERINNEN UND KÜNSTLER, GEMÄLDE UND ZEICHNUNGEN

Die Bildunterschriften folgen den heute im deutschen Sprachraum gebräuchlichen Artenbezeichnungen. Sie können von den historischen Bezeichnungen abweichen.

LAWRENCE ALMA-TADEMA (1836–1912)
22 *The Roses of Heliogabalus*
    Öl auf Leinwand (1888). Privatsammlung. Collection Juan Antonio Pérez Simón, Mexico.

HENRY CHARLES ANDREWS (um 1770 – um 1830)
18 *(1) Rosa eglanteria major*
24 *(2) Rosa semperflorens*
32 *(3) Rosa inermis*
36 *(4) Rosa multiflora*
38 *(5) Rosa Indica rubra*
40 *(6) Rosa muscosa Provincialis*
44 *(7) Rosa Gallica variegata*
58 *(8) Rosa Portlandia*
66 *(9) Rosa ferox*
80 *(10) Rosa nana minima*
86 *(11) Rosa lurida*
88 *(12) Rosa racemosa*
90 *(13) Rosa Indica minor*
92 *(14) Rosa parvifolia*
96 *(15) Rosa Provincialis nana*
102 *(16) Rosa sulphurea*
106 *(17) Rosa Provincialis*
    H. Ch. A.: Roses: or, A Monograph of the Genus Rosa. 2 Bde. London 1805/1828.

126

Der Verlag Philipp Reclam jun. dankt für die Nachdruck- und Reproduktionsgenehmigung den Rechteinhabern, die durch den Quellennachweis und einen folgenden Genehmigungs- oder Copyrightvermerk bezeichnet sind. In einigen Fällen waren die Inhaber der Rechte nicht festzustellen; hier ist der Verlag bereit, nach Anforderung rechtmäßige Ansprüche abzugelten.

MIX
Papier aus verantwor-
tungsvollen Quellen
FSC® C014889
FSC
www.fsc.org

2022 Philipp Reclam jun. Verlag GmbH,
Siemensstraße 32, 71254 Ditzingen
Umschlaggestaltung: Philipp Reclam jun. Verlag GmbH
Umschlagabbildung: Pierre-Joseph Redouté: *Rosa centifolia* –
Old Images / Alamy Stock Foto
Layout: Keppler+Jung
Druck und buchbinderische Verarbeitung:
Friedrich Pustet GmbH & Co. KG,
Gutenbergstraße 8, 93051 Regensburg
Printed in Germany 2022
RECLAM ist eine eingetragene Marke
der Philipp Reclam jun. GmbH & Co. KG, Stuttgart
ISBN 978-3-15-011406-3
www.reclam.de